中国城市客运发展报告简明手册

(2016)

中华人民共和国交通运输部　编

人民交通出版社股份有限公司
China Communications Press Co.,Ltd.

图书在版编目 (CIP) 数据

中国城市客运发展报告简明手册 . 2016 / 中华人民共和国交通运输部编 . —北京 : 人民交通出版社股份有限公司 , 2017.7

ISBN 978-7-114-13983-3

Ⅰ.①中… Ⅱ.①中… Ⅲ.①城市运输—旅客运输—研究报告—中国—2016 Ⅳ.①F572.8

中国版本图书馆 CIP 数据核字 (2017) 第 136457 号

Zhongguo Chengshi Keyun Fazhan Baogao Jianming Shouce 2016

书　　名: **中国城市客运发展报告简明手册（2016）**
著 作 者: 中华人民共和国交通运输部
责任编辑: 杨丽改
出版发行: 人民交通出版社股份有限公司
地　　址: (100011) 北京市朝阳区安定门外外馆斜街 3 号
网　　址: http://www.ccpress.com.cn
销售电话: (010)59757973
总 经 销: 人民交通出版社股份有限公司发行部
经　　销: 各地新华书店
印　　刷: 中国电影出版社印刷厂
开　　本: 880 × 1230　1 /64
印　　张: 0.375
字　　数: 9 千
版　　次: 2017 年 7 月　第 1 版
印　　次: 2017 年 7 月　第 1 次印刷
书　　号: ISBN 978-7-114-13983-3
定　　价: 10.00 元

说　明

一、本手册由交通运输部运输服务司、交通运输部科学研究院组织编写。交通运输部科学研究院城市交通与轨道交通研究中心承担具体的编写工作。

二、本手册包括全国公共汽电车、城市轨道交通、出租汽车等城市客运主要统计数据，数据来源为《城市（县城）客运统计》和《交通运输行业发展统计公报》。

三、本手册中指标均不包括香港特别行政区、澳门特别行政区和台湾省的数据，表格中符号“—”表示没有该项数据。

四、本手册中部分数据的合计数和相对数由于单位取舍不同而产生的计算误差未做机械调整。

目　录

综　述

城市客运系统包括公共汽电车、城市轨道交通、巡游出租汽车等。截至 2016 年末，全国城市客运系统基本情况如下：

全国拥有公共汽电车 60.86 万辆（折合 68.73 万标台），其中新能源车辆（含纯电动客车、混合动力车）16.46 万辆，BRT 车辆 7689 辆。运营线路 52789 条，运营线路总长度 98.12 万公里。经营业户 3887 户，其中个体经营业户 263 户。从业人员 135.26 万人，其中驾驶员 83.93 万人。运营里程 358.32 亿公里。

全国有 30 个城市开通了轨道交通，2016 年新开通 4 个城市。运营车辆 23791 辆（折合 57627 标台）。运营线路 124 条，运营线路长度 3727.5 公里。车站数 2468 个，其中换乘站 254 个。运营里程 4.33 亿列公里。经营业户 42 户，从业人员 21.49 万人。

拥有巡游出租汽车 140.40 万辆，其中新能源车辆（纯电动车）1.86 万辆。经营业户 13.36 万户，其中个体经营业户12.51万户。从业人员267.75万人，其中驾驶员246.66万人。运营里程1552.50亿公里，里程利用率66.5%。

全年完成城市客运量1284.21亿人次（不包括客运轮渡），其中公共汽电车、城市轨道交通、巡游出租汽车分别完成745.35亿人次、161.51亿人次、377.35亿人次，占比为58.0%、12.6%、29.4%。

一、城市公共汽电车

（一）行业概况

截至 2016 年末，全国拥有公共汽电车 60.86 万辆（折合 68.73 万标台），比上年增长 4.69 万辆，增长 8.3%。其中，新能源车辆（含纯电动客车、混合动力车）16.46 万辆，占比 27.0%，比上年增长 7.80 万辆，增长 90.0%；BRT 车辆 7689 辆，占比 1.3%，增长 24.8%。

全国拥有公共汽电车运营线路 52789 条，比上年增加 3884 条，增长 7.9%。运营线路总长度 98.12 万公里，比上年增加 8.69 万公里，增长 9.7%。公交专用道 9777.8 公里，比上年增加 1208.7 公里，增长 14.1%。共有 26 个城市开通 BRT 线路，线路长度 3433.5 公里。无轨电车线路长度 924.0 公里。

全国拥有公共汽电车经营业户 3887 户，其中个体经营业户 263 户。从业人员 135.26 万人，其中驾驶员 83.93 万人，占比 62.1%。驾驶员与车辆比例为 1.38 : 1。

全年完成公共汽电车客运量745.35亿人次，占城市客运总量58.0%，比上年下降20.05亿人次，下降2.6%。BRT客运量17.65亿人次，占公共汽电车客运量2.4%。IC卡刷卡量351.03亿人次。

全年完成公共汽电车运营里程358.32亿公里，比上年增加5.99亿公里，增长1.7%。

（二）2010—2016 年全国城市公共汽电车基础数据

项目＼年份	2010 年	2011 年	2012 年	2013 年	2014 年	2015 年	2016 年
运营车辆数（万辆）	42.05	45.33	47.49	50.96	52.88	56.18	60.86
新能源车辆数（万辆）	0.29	0.78	1.34	2.22	3.66	8.67	16.46
BRT 车辆数（辆）	2943	3265	3975	4484	5339	6163	7689
运营线路条数（条）	33672	35884	38243	41738	45052	48905	52789
运营线路长度（万公里）	63.37	67.29	71.46	74.89	81.78	89.43	98.12
BRT 线路长度（公里）	514.0	988.0	1383.0	2753.0	2790.0	3081.0	3433.5
公交专用道长度（公里）	3726.0	4425.6	5255.8	5890.6	6897.3	8569.1	9777.8
经营业户数（户）	3275	3325	3312	3416	3665	3844	3887
个体经营户数（户）	—	—	—	—	—	213	263
从业人员数（万人）	121.42	122.65	125.63	132.22	127.98	133.23	135.26
驾驶员数（万人）	—	—	—	—	—	—	83.93
客运量（亿人次）	670.12	715.79	749.80	771.17	781.88	765.4	745.35
IC 卡刷卡量（亿人次）	235.81	264.06	299.25	317.27	340.43	343.18	351.03
BRT 客运（亿人次）	—	—	—	10.96	14.76	14.32	17.65
运营里程（亿公里）	317.86	331.73	346.82	348.96	346.69	352.33	358.32

注：（1）2010—2014 年全国城市公共汽电车个体经营户数未统计。
（2）2010—2015 年全国城市公共汽电车驾驶员数未统计。
（3）2010—2012 年全国 BRT 客运量未统计。

（三）2016 年全国各省城市公共汽电车主要统计

地　区	运营车辆数（万辆）			运营线路条数（条）	运营线路长度(万公里）	
		新能源车辆数(万辆)	BRT车辆数（辆）			BRT 线路长度（公里）
全国	60.86	16.46	7689	52789	98.12	3433.5
北京	2.27	0.06	368	876	1.98	81.0
天津	1.27	0.37	—	763	1.78	—
河北	3.01	1.19	—	2516	4.74	—
山西	1.30	0.47	—	1372	2.55	—
内蒙古	1.15	0.10	—	1358	3.44	—
辽宁	2.36	0.52	64	1900	3.31	14.0
吉林	1.24	0.12	—	1064	1.54	—
黑龙江	1.95	0.23	—	1581	2.90	—
上海	1.67	0.28	—	1457	2.42	—
江苏	4.25	1.36	963	3769	6.85	629.0
浙江	3.58	0.80	675	4603	8.22	493.0
安徽	2.01	0.52	406	1640	2.84	198.0
福建	1.83	0.52	347	1706	2.96	167.5
江西	1.08	0.23	—	1253	2.25	—
山东	5.86	2.79	394	4407	11.19	406.0
河南	2.73	1.34	1800	1669	2.74	121.0
湖北	2.20	0.43	260	1564	2.25	38.0
湖南	2.45	1.16	172	1734	2.70	55.0
广东	6.14	2.18	1105	5231	10.68	789.0
广西	1.29	0.28	157	1489	2.57	181.0
海南	0.35	0.11	—	366	0.72	—
重庆	1.30	0.24	—	1145	1.68	—
四川	2.91	0.22	270	2748	4.02	60.0
贵州	0.86	0.14	—	961	1.26	—
云南	1.60	0.30	—	2121	4.41	—
西藏	0.07	0.02	—	74	0.13	—
陕西	1.43	0.26	—	962	1.68	—
甘肃	0.75	0.02	70	672	1.02	9.0
青海	0.39	0.08	—	447	0.94	—
宁夏	0.41	0.02	80	422	0.80	21.0
新疆	1.18	0.09	558	919	1.53	171.0

数据

公交专用道长度（公里）	经营业户数（户）	从业人员数（万人）	客运量（亿人次）		运营里程（亿公里）
				BRT客运量（亿人次）	
9777.8	3887	135.26	745.35	17.65	358.32
845.0	2	7.92	36.90	0.52	13.36
65.0	12	2.09	14.99	—	4.75
26.9	193	5.67	20.96	—	13.69
390.9	131	3.19	15.12	—	6.39
188.8	235	2.57	13.69	—	7.64
811.5	123	5.60	39.43	0.17	13.57
194.2	120	2.81	17.21	—	7.65
76.8	250	3.79	26.60	—	13.16
325.0	28	5.67	23.91	—	10.40
1035.1	100	8.90	46.46	1.76	24.90
804.7	152	7.77	38.05	0.73	22.58
149.8	120	4.03	22.49	0.71	11.40
205.9	99	3.54	24.12	1.40	10.89
62.2	115	2.02	12.86	—	7.48
1023.3	256	10.39	42.38	0.57	27.32
200.8	121	5.65	26.47	5.34	14.22
423.7	110	5.94	33.94	0.35	15.27
337.5	183	4.94	31.97	0.12	16.64
1223.8	261	14.94	69.87	2.43	43.68
235.3	151	2.39	13.96	0.39	7.59
25.0	50	0.72	4.82	—	2.55
0	65	3.49	27.08	—	9.07
526.4	235	6.08	41.34	1.00	15.43
33.1	169	2.23	18.25	—	5.29
96.1	166	2.83	17.47	—	9.09
—	7	0.15	0.92	—	0.34
261.5	136	3.75	25.29	—	9.32
8.9	85	1.89	13.12	0.41	3.71
—	39	0.83	4.61	—	2.04
74.8	43	0.89	4.50	0.33	2.08
125.8	130	2.55	16.57	1.43	6.82

二、城市轨道交通

（一）行业概况

截至 2016 年末，全国共有 30 个城市开通城市轨道交通，2016 年新开通 4 个，分别是合肥、福州、东莞和南宁。

全国拥有城市轨道交通运营车辆 23791 辆（折合 57627 标台），比上年增加 3850 辆（折合 9462 标台），增长 19.3%。

全国拥有城市轨道交通运营线路 124 条，比上年增加 19 条，增长 18.1%。运营线路长度 3727.5 公里，比上年增加 532.1 公里，增长 16.7%。

全国拥有城市轨道交通车站 2468 个，比上年增加 376 个，增长 18.0%。其中，换乘站 254 个，比上年增加 74 个，增长 41.1%。

全国拥有城市轨道交通经营业户 42 户。从业人员 21.49 万人，其中驾驶员 2.46 万人，占比 11.4%。

全年完成城市轨道交通客运量161.51亿人次，占城市客运总量12.6%，比上年增加21.50亿人次，增长15.4%。

全年完成城市轨道运营里程4.33亿列公里，比上年增加0.59亿列公里，增长15.7%。

（二）2010—2016 年全国城市轨道交通基础数据

项目 \ 年份	2010 年	2011 年	2012 年
开通城市数（个）	12	13	15
运营车辆数（辆）	8285	9945	12611
折合标台数（标台）	21165	24330	30672
运营线路条数（条）	53	58	69
运营线路长度（公里）	1471.3	1698.7	2057.9
车站数（个）	977	1147	1375
换乘站数（个）	78	109	116
经营业户数（户）	21	21	23
从业人员数（万人）	10.15	9.98	11.95
驾驶员数（万人）	—	—	—
客运量（亿人次）	55.68	71.34	87.29
运营里程（亿列公里）	1.39	2.39	2.81

注：2010—2015 年全国轨道交通驾驶员数未统计。

2013 年	2014 年	2015 年	2016 年
18	22	26	30
14366	17300	19941	23791
34415	41770	48165	57627
81	92	105	124
2407.9	2816.1	3195.4	3727.5
1549	1829	2092	2468
134	151	180	254
26	31	35	42
13.92	16.05	18.42	21.49
—	—	—	2.46
109.19	126.66	140.01	161.51
2.74	3.27	3.74	4.33

（三）2016 年全国各省城市轨道交通主要统计数

城市	运营车辆数（辆）					运营线路条数（条）					运营线路长	
		地铁	轻轨	有轨电车	磁悬浮		地铁	轻轨	有轨电车	磁悬浮		地铁
全国	23791	22072	1275	412	32	124	103	9	10	2	3727.5 (↑532.1)	3269.7 (↑547.1)
北京	5204	5204	—	—	—	19(↑1)	19(↑1)	—	—	—	574.0(↑20.3)	574.0(↑20.3)
天津	956	780	152	24	—	6(↑1)	4(↑1)	1	1	—	175.4(↑28.4)	115.2(↑28.3)
沈阳	336	336	—	—	—	2	2	—	—	—	54.0	54.0
大连	568	288	208	72	—	7	2	3	2	—	166.9	42.3
长春	398	—	351	47	—	4	—	2	2	—	64.2	—
哈尔滨	78	78	—	—	—	1	1	—	—	—	17.2	17.2
上海	4025	4008	—	—	17	15	14	—	—	1	617.5	588.4
南京	1194	1154	—	40	—	7	6	—	1	—	231.8	224.0
无锡	276	276	—	—	—	2	2	—	—	—	55.0	55.0
苏州	410	320	—	90	—	3	2(↑2)	—	1	—	86.1(↑16.0)	67.9(↑15.6)
昆山	—	—	—	—	—	—	—	—	—	—	6.0	6.0
淮安	104	—	—	104	—	1	—	—	1	—	20.1	—
杭州	534	534	—	—	—	3	3	—	—	—	81.5	81.5
宁波	366	366	—	—	—	2	2	—	—	—	74.5(↑25.3)	74.5(↑25.3)
合肥★	132	132	—	—	—	1	1	—	—	—	24.6	24.6
福州★	144	144	—	—	—	1	1	—	—	—	9.2	9.2
南昌	162	162	—	—	—	1	1	—	—	—	28.8	28.8
青岛	151	144	—	7	—	2	1	—	1	—	33.3(↑22.3)	24.5(↑13.5)
郑州	258	258	—	—	—	2(↑1)	2(↑1)	—	—	—	46.2(↑20.0)	46.2(↑20.0)
武汉	1106	1106	—	—	—	5(↑1)	5(↑1)	—	—	—	180.4 (↑55.0)	180.4(↑55.0)
长沙	345	330	—	—	15	3(↑2)	2(↑1)	—	—	1(↑1)	68.8(↑42.6)	50.2(↑23.6)
广州	2088	2060	—	28	—	13(↑3)	12(↑3)	—	1	—	309.0(↑35.0)	301.3(↑35.3)
佛山	—	—	—	—	—	—	—	—	—	—	21.0	—
深圳	1890	1890	—	—	—	8(↑3)	8(↑3)	—	—	—	285.0(↑108.0)	285.0(↑108.0)
东莞★	108	108	—	—	—	1	1	—	—	—	37.8	37.8
南宁★	144	144	—	—	—	1	1	—	—	—	32.1	32.1
重庆	978	414	564	—	—	6(↑1)	3	3(↑1)	—	—	213.3(↑11.3)	114.8(↑1.5)
成都	966	966	—	—	—	4(↑1)	4(↑1)	—	—	—	105.5(↑19.5)	105.5(↑19.5)
昆明	240	240	—	—	—	1(↓1)	1(↓1)	—	—	—	46.3(↓13.0)	46.3(↓13.0)
西安	630	630	—	—	—	3(↑1)	3(↑1)	—	—	—	89.0(↑38.1)	89.0(↑38.1)

注：（1）上海轨道交通运营线路长度含江苏（昆山）境内约 6 公里；上海轨
江苏（昆山）境内约 1713 万人次。

（2）广州轨道交通运营线路长度含佛山境内约 21 公里；广州轨道交通

（3）2011 年，重庆市将城市轨道交通类型上报为单轨，2012 年以后重

（4）无锡、淮安、东莞轨道交通车站数、经营业户数、从业人员数未统计。

（5）★ 表示 2016 年新开通城市轨道交通运营的城市；（↑数字）表示

据

度（公里）			车站数（个）		经营业户数（户）	从业人员数（万人）	客运量（亿人次）	运营里程（万列公里）
轻轨	有轨电车	磁悬浮		换乘车站数				
298.8(↓42.5)	111.3(↑8.9)	47.7(↑18.6)	2468	254	42	21.49	161.51	43318.00
—	—	—	345	54	2	4.11	36.59	8781.00
52.3(↑0.1)	7.9	—	105	7	1	0.63	3.09	1265.70
—	—	—	43	1	1	0.36	2.97	594.10
101.1	23.5	—	56	1	2	0.59	1.55	1097.10
46.9	17.3	—	119	1	1	0.38	0.81	742.30
—	—	—	18	—	1	0.15	0.68	162.00
—	—	29.1	367	54	6	2.87	34.01	8430.10
—	7.8	—	134	7	2	1.10	8.32	2545.70
—	—	—	—	—	—	—	0.83	513.50
—	18.2(↑0.4)	—	59	1	2	0.58	1.51	866.60
—	—	—	3	0	—	—	0.17	—
—	20.1	—	—	—	—	—	0.05	152.10
—	—	—	53	4	2	0.46	2.69	971.00
—	—	—	42	10	1	0.34	1.00	743.00
—	—	—	23	—	1	0.18	0.01	3.50
—	—	—	6	—	1	0.16	0.02	53.40
—	—	—	24	—	1	0.20	0.80	313.00
—	8.8(↑8.8)	—	34	—	2	0.37	0.11	122.40
—	—	—	36	1	1	0.25	1.24	370.90
—	—	—	136	13	1	0.85	7.17	1894.80
—	—	18.6(↑18.6)	46	2	2	0.40	1.60	517.20
—	7.7(↓0.3)	—	201	50	1	2.19	25.71	4673.70
—	—	—	15	0	—	—	—	—
—	—	—	196	28	2	1.29	12.97	3038.50
—	—	—	—	—	—	—	0.21	201.80
—	—	—	25	-	1	0.22	0.06	41.80
98.5(↑9.8)	—	—	126	9	1	1.53	6.93	2326.70
—	—	—	87	6	1	0.85	5.62	1552.70
—	—	—	35	1	1	0.40	0.88	436.80
—	—	—	66	3	1	0.55	4.08	906.20

道交通车站数含江苏（昆山）境内 3 个，换乘站数 0 个；上海轨道交通客运量含

车站数含佛山境内 15 个，换乘站 0 个。
庆市将城市轨道交通类型上报为地铁和轻轨。

2016 年线路长度增加的公里数；（↓数字）表示 2016 年线路长度减少的公里数。

三、巡游出租汽车

（一）行业概况

截至2016年末，全国拥有巡游出租汽车140.40万辆，比上年增加1.15万辆，增长0.8%。其中新能源车辆（纯电动车）1.86万辆，比上年增加1.18万辆，增长171.6%。

全国拥有巡游出租汽车经营业户13.36万户，其中个体经营业户12.51万户，占比93.6%。从业人员267.75万人，其中驾驶员246.66万人，占比92.1%。

全年完成巡游出租汽车客运量377.35亿人次，占城市客运总量29.4%，比上年下降19.39亿人次，下降4.9%。

全年完成巡游出租汽车运营里程1552.50亿公里，比上年下降49.92亿公里，下降3.1%，里程利用率66.5%。

（二）2010—2016 年全国巡游出租汽车基础数据

项目＼年份	2010 年	2011 年	2012 年	2013 年	2014 年	2015 年	2016 年
运营车辆数（万辆）	122.57	126.38	129.97	134.00	137.01	139.25	140.40
新能源车辆数（万辆）	0.005	0.04	0.14	0.18	0.40	0.69	1.86
经营业户数（万户）	13.58	13.45	13.98	13.83	13.47	13.22	13.36
个体经营户数（万户）	12.70	12.63	13.14	12.99	12.63	12.37	12.51
从业人员数（万人）	235.67	240.42	250.68	260.89	261.81	262.63	267.75
驾驶员数（万人）	—	—	—	—	—	—	246.66
客运量（亿人次）	346.28	376.71	390.03	401.94	406.06	396.74	377.35
运营里程（亿公里）	1488.85	1519.69	1566.28	1593.21	1618.11	1602.42	1552.50

注：2010—2015 年全国巡游出租汽车驾驶员数未统计。

（三）2016 年全国各省巡游出租汽车主要统计数据

地区	运营车辆数（万辆）		经营业户数（户）		从业人员数（万人）	客运量（亿人次）	运营里程（亿公里）
		新能源车辆数（辆）		个体经营业户数（户）			
全国	140.40	18614	133609	125055	267.75	377.35	1552.50
北京	6.85	1000	1387	1157	9.38	4.77	51.00
天津	3.19	—	6088	6014	4.70	3.75	34.69
河北	7.31	—	401	—	12.04	13.92	75.01
山西	4.31	8194	270	—	7.11	10.31	38.67
内蒙古	7.39	—	23066	22794	10.93	16.97	68.95
辽宁	9.29	50	16116	15504	29.82	28.00	116.90
吉林	7.12	—	34437	34210	17.46	19.90	76.07
黑龙江	10.54	—	20553	20143	15.47	32.30	94.75
上海	4.73	6	3091	2966	9.49	8.62	57.87
江苏	6.12	759	5977	5609	10.88	14.65	70.12
浙江	4.40	590	2162	1737	10.23	11.62	56.85
安徽	5.54	500	707	435	9.62	18.27	66.94
福建	2.50	759	198	—	4.67	7.30	31.25
江西	1.79	2	173	—	3.54	6.20	20.18
山东	7.21	28	2225	1720	11.90	13.19	77.26
河南	6.19	100	463	2	12.34	16.21	67.15
湖北	4.21	846	1688	1388	8.94	15.30	58.45
湖南	3.63	200	287	—	7.66	16.43	49.19
广东	7.04	4135	411	9	11.69	16.40	90.64
广西	2.12	200	200	23	3.81	3.96	18.89
海南	0.72	236	69	—	1.37	1.71	9.44
重庆	2.37	—	1107	942	6.01	9.99	37.56
四川	4.34	250	1001	508	9.37	18.17	59.17
贵州	2.87	20	3430	3119	6.94	14.35	29.04
云南	2.95	50	2546	2262	5.68	8.86	24.20
西藏	0.26	8	21	—	0.57	1.46	5.23
陕西	3.62	410	342	—	7.78	12.08	46.10
甘肃	3.64	221	247	—	5.03	8.54	34.49
青海	1.31	—	130	72	2.14	2.98	12.91
宁夏	1.61	50	85	4	2.44	4.32	15.47
新疆	5.23	—	4731	4437	8.73	16.82	58.07